LE SOCIALISME

DROIT AU TRAVAIL

Paris. — Imprimerie Schneider, rue d'Erfurth, 1.

LE SOCIALISME

DROIT AU TRAVAIL

PAR

LOUIS BLANC

TROISIÈME ÉDITION.

PARIS

AUX BUREAUX DU NOUVEAU MONDE,

102, RUE RICHELIEU.

—

1849

LE SOCIALISME

DROIT AU TRAVAIL

RÉPONSE A M. THIERS.

Cent vingt mille électeurs m'avaient envoyé à l'Assemblée nationale avec mandat d'y concourir à l'établissement d'une Constitution nouvelle, d'y soutenir le *droit au travail*, d'y exposer mon opinion sur les maux de la situation présente, sur leurs causes, sur les moyens d'y porter remède.

C'est donc la volonté de ces cent vingt mille électeurs qu'on a méconnue, c'est leur part de souveraineté qu'on a confisquée, lorsque, sur une accusation démontrée calomnieuse, au mépris d'une décision antérieure de l'Assemblée, sans débats contradictoires, dans une seule nuit, à la hâte, et par un coup d'Etat caché dans

1.

un vote, on m'a écarté de la discussion qui était à la veille de s'ouvrir.

Je ne dirai pas à mes adversaires qu'en foulant aux pieds dans ma personne l'inviolabilité parlementaire, ils ont détruit imprudemment une garantie dont les vicissitudes humaines peuvent un jour leur faire regretter l'absence : les passions politiques ne sont pas si prévoyantes !

Je me bornerai donc à protester, au nom de mes commettants, contre la décision injuste qui m'a frappé ; et, puisque la liberté de la tribune m'a été ravie, j'aurai recours à la liberté de la presse.

L'Assemblée nationale a récemment nié le droit au travail ; elle l'a nié sous l'impression des funèbres journées de juin. Quelques mots, d'abord, sur cette insurrection dont on a mis tant de mauvaise foi à dénaturer les causes. Les causes ! Il n'y en a qu'une, et son nom... c'est la misère. Spéculez à votre aise sur les désastres de Paris, hommes des partis anciens ; que vos passions, que vos ressentiments, que vos haines trafiquent à plaisir du désespoir de toutes ces mères en deuil et de ces vastes funérailles, l'histoire, que vous ne vaincrez pas, l'histoire dira que la révolte, cette fois, est née des colères de la faim, et que, derrière les barricades, on poussait ce cri, variante sinistre de la formule lyonnaise : « Du pain ou des balles ! »

C'est que, bien avant la révolution de Février, un mal profond travaillait l'industrie française, et appelait d'importantes réformes sociales. La concurrence, dont l'Angleterre n'est parvenue à conjurer les périls suprêmes qu'à force d'audace, de persévérance et de génie, c'est-à-dire en dominant les mers, en s'emparant des comptoirs les plus lointains, en faisant avec des marchands ce que Rome avait fait avec des soldats, en prenant le monde, la concurrence se trouvait resserrée, chez nous, dans un cercle trop étroit, trop inflexible, pour n'y pas aboutir tôt ou tard à d'affreuses catastrophes.

Aussi, le domaine industriel transformé en champ clos, l'industrie devenue un combat à outrance, la production se développant au hasard, avec une activité fiévreuse, dans les ténèbres ; les commerçants condamnés à vivre d'une vie aléatoire, à jouer un jeu terrible, et haletant après le gain de la partie entre les faillites de la veille et les banqueroutes du lendemain ; tous les intérêts armés les uns contre les autres ; puis, au sein de la confusion, la foule des journaliers courant se vendre au rabais, foule de plus en plus épaisse, de plus en plus affamée et grondante..., voilà ce que le principe d'individualisme avait fait d'une société où l'amour du gain avait été pris grossièrement pour le génie des affaires.

J'ai entre les mains une collection de lettres qui me furent adressées par divers chefs d'industrie, immédiatement après mon installation au Luxembourg. Je les publierai, ces lettres, testament de mort de l'industrie fondée sur la concurrence ! Rien de plus décisif, mais en même temps rien de plus tragique. Les uns offrent en pur don leurs établissements, qu'ils se déclarent incapables de maintenir ; les autres, mettant à la disposition du gouvernement, édifices, matières premières et machines, ne demandent en échange qu'une rémunération convenable comme directeurs d'atelier ;

tous invoquent à grands cris l'intervention tutélaire de l'Etat dans l'industrie, qu'ils montrent perdue si l'Etat ne se hâte d'accourir. Une chose qu'on ignore généralement, et dont je fournirai la preuve irrécusable, c'est que l'idée de publier le plan d'une vaste réforme sociale avant la convocation de l'Assemblée, me fut suggérée précisément par la véhémence des sollicitations qui me venaient en foule, non-seulement de la part des ouvriers, mais, plus encore, de la part de maint chef d'industrie, réduit à une inénarrable détresse, à une détresse d'origine ancienne.

La révolution de Février n'a donc pas produit la crise industrielle ; elle n'a fait que la déclarer. Imputer aux prédications du Luxembourg le délabrement des affaires, c'est le comble de l'ignorance et de la puérilité. Ceux qui attribuent à des réformes sociales, proposées mais non encore mises à l'essai, tous les embarras, toutes les douleurs de la situation actuelle, ressemblent à un malade qui, après avoir repoussé les prescriptions du médecin, lui attribuerait l'aggravation de la maladie.

D'un autre côté, il faut qu'on le sache : le socialisme n'a point pour date la révolution de Février. La révolution a donné au socialisme une scène éclatante ; elle n'a pas été son berceau. Depuis longtemps, il se faisait parmi le peuple un travail souterrain qui ne se révélait aucunement par la tribune parlementaire, et ne se manifestait que très-imparfaitement, soit dans les journaux, soit dans les livres. Tandis que de vulgaires grands hommes agitaient leur ambition dans l'urne des votes et remplissaient le monde d'un vain tumulte, de pauvres ouvriers, qu'on croyait absorbés par les soucis de leur labeur quotidien, s'élevaient, du fond de l'atelier, à des préoccupations d'une portée immense et vivaient dans la région des hautes pensées. Tout en subissant leur misère, ils l'étudiaient. A cette société corrompue et malade ils composaient, en espérance, un lendemain radieux. Ils interrogeaient la loi des transformations sociales du passé, pour savoir si la civilisation n'avait point encore un pas à faire ; et se rappelant que les hommes du peuple avaient cessé d'être *esclaves*, puis d'être *serfs*, ils se demandaient, émus d'un généreux espoir, si les hommes du peuple ne cesseraient pas d'être *prolétaires*, le prolétariat n'étant qu'une dernière forme de l'esclavage.

Mais le moyen d'affranchissement, où le trouver ? Il avait été indiqué à notre génération par cette formule, gloire éternelle de nos pères : LIBERTÉ, ÉGALITÉ, FRATERNITÉ ; il ne s'agissait plus que de bien définir les trois termes de la devise sacrée. L'instinct populaire ne s'y trompa point.

Le peuple comprit :

Que la liberté est, non pas seulement le *droit*, mais le *pouvoir* accordé à l'homme de développer ses facultés sous l'empire de la justice et la sauvegarde de la loi ;

Que, la diversité des fonctions et des aptitudes étant pour la société une condition de vie, l'égalité consiste dans la facilité donnée à tous de développer *également* leurs facultés *inégales* ;

Que la fraternité enfin n'est que l'expression poétique

de cet état de solidarité qui doit faire de toute société une grande famille.

Ainsi,

Plus d'individualisme et de *laissez-passer*, parce que l'individualisme c'est l'abandon du pauvre, du faible, de l'ignorant, et que, pour des milliers de créatures humaines, le *laissez-passer*, c'est le *laissez-mourir*;

Plus de concurrence anarchique, parce que l'anarchie n'est qu'un despotisme déréglé, et que la lutte entre le fort et le faible, c'est l'oppression;

Plus de mobiles puisés dans l'antagonisme ardent des intérêts, parce que, là où le succès des uns correspond à la ruine des autres, la société ne peut vivre que de haines, et couve fatalement la guerre civile.

Tel était donc le programme que, depuis plusieurs années, le peuple dressait en silence dans les ateliers des principales villes.

Mais, je le répète, le travail intellectuel qui s'accomplissait au fond de la société, ceux qui en habitaient les hauteurs l'ignoraient d'une manière absolue. Les prétendus hommes d'Etat de la monarchie, les prétendus savants en politique et en législation, les financiers habiles, les industriels renommés, ne se doutaient pas qu'ils marchaient sur un monde nouveau. Le moment devait donc arriver où ils se réveilleraient en sursaut, comme dans un coup de tonnerre. Ce moment arriva en effet, et il restera dans l'histoire sous le nom de RÉVOLUTION DÉMOCRATIQUE ET SOCIALE DE FÉVRIER.

Alors éclata un énorme malentendu. Des questions,

devenues depuis longtemps familières au peuple de Paris, de Lyon, des grands centres industriels, apparurent au gros de la bourgeoisie sous l'aspect effrayant et faux que revêt toute chose inconnue. Pour le gros de la bourgeoisie, l'avénement de la République était le dernier terme du progrès possible. Pour le peuple, au contraire, la réforme politique n'était qu'un *moyen* d'atteindre le *but*, c'est-à-dire la réforme sociale.

Il y parut assez clairement dès le premier jour de la révolution, lorsque, entrant brusquement dans la salle du conseil, et faisant retentir sur le parquet la crosse de son fusil, un ouvrier à l'œil étincelant et au front pâle vint exiger, de par le peuple, la reconnaissance du droit au travail. Il y parut assez clairement lorsque, le 28 février, des milliers de travailleurs, les vêtements encore noirs de la poussière des barricades, envahirent la place de Grève avec des étendards sur lesquels vous eussiez lu : *Organisation du travail*. Mes anciens collègues n'ont pu oublier pourquoi ils proposèrent alors d'instituer une *commission de gouvernement* au Luxembourg ; ils n'ont pu oublier que cette proposition fut longtemps combattue par Albert et par moi.... Une commission d'étude, une commission sans budget, une commission sans autre pouvoir que la parole !... Je pressentais les suites. D'ailleurs, le peuple voulait davantage. Son adresse portait : Création immédiate d'un ministère du travail.

Le Luxembourg, en février et mars 1848, n'a donc été qu'un écho placé sur la route du progrès. Admirez, maintenant, la prudence de ceux qui reprochent au Luxembourg « d'avoir donné des espérances au peuple. »

Eh ! quel langage fallait-il donc lui tenir, en pleine tempête, à ce peuple affamé, à ce peuple victorieux; à ce peuple pénétré depuis longtemps de l'idée de son émancipation ? Fallait-il lui dire :

« Vous souffrez ; mais qu'y faire ? Tel est l'arrêt du sort. Ce que les anciens appelaient FATUM, c'est la misère, l'immortelle misère. Au nom de l'ordre à sauver, et de peur que l'impatience ne vous prenne, nous sommes forcés de vous interdire jusqu'à l'espérance. Laissez là vos fusils, regagnez tranquillement vos demeures ; et si vous trouvez écrite sur la porte de vos mansardes la fameuse inscription de l'enfer du Dante, sachez vous résigner, sachez donner de la résignation à vos enfants qui crient la faim, à vos femmes inconsolables du malheur d'être mère ! »

Voilà, j'imagine, par quels sages discours les génies profonds qui nous attaquent seraient parvenus à calmer la multitude ! En vérité, c'est du vertige. Reprenons. A chaque siècle son caractère, par où il se détache dans l'histoire. L'individualisme fut le caractère du dix-huitième siècle : il est permis d'affirmer qu'au dix-neuvième le socialisme a la toute-puissance d'une loi historique. Qu'on calomnie ces grands coupables du Luxembourg, qu'on les proscrive, qu'on les tue : l'idée qu'ils ont servie ne périra point avec eux. La justice et l'intérêt même de ceux qui la combattent rendent cette idée indomptable. La force des choses est là.

Ceci posé, abordons les débats de l'Assemblée sur le

droit au travail, et voyons ce que vaut le défi lancé par M. Thiers aux socialistes.

Dans son discours du 13 septembre, M. Thiers a attaqué mes doctrines en regrettant mon absence. Il n'aurait tenu qu'à lui et à ses amis de s'épargner un regret, qui a le tort d'être bien tardif et dont le vote du 25 août pourrait faire connaître la sincérité douteuse aux esprits soupçonneux. Quoi qu'il en soit, on ne m'aura pas réduit au silence, en me condamnant à l'exil.

« Je viens, a dit d'abord M. Thiers, vous exposer les « principes sur lesquels repose la société, non pas « la société de tel ou tel pays, mais la société de tous « les pays et de tous les temps. »

M. Thiers, on le voit, commence par se donner beaucoup de complices. Mais croit-il, d'aventure, que dans tous les temps, dans tous les pays, la propriété, la liberté, la concurrence ont été entendues, définies et pratiquées de la même manière? S'il ne croit pas cela, que sifignie son pompeux début? S'il croit cela, l'erreur, de la part d'un homme d'Etat, est à peine vraisemblable.

Est-ce que la propriété, par exemple, part chez nous du même ordre d'idées et se trouve assise sur les mêmes bases que chez les anciens, que chez les Arabes, que chez les Orientaux? Est-ce que M. Thiers ignore qu'il a existé et qu'il existe encore des peuples-pasteurs, qui n'admettent pas la possession individuelle du sol; des peuples qui disent comme J.-J. Rousseau : « Les fruits « sont à tous, la terre n'est à personne? » Est-ce qu'il

2

n'y a aucune différence entre la propriété qui se borne
à la possession héréditaire du sol et celle qui s'étend à
l'homme lui-même, réduit à l'état d'esclave? Aux yeux
de Quesnay et des physiocrates, faisant du propriétaire
le distributeur des trésors de l'agriculture, le caissier de
l'industrie, un fonctionnaire public enfin, la propriété
avait-elle le même caractère qu'aux yeux de ceux qui
l'ont si longtemps considérée comme entraînant le droit
d'user et d'abuser (*uti et abuti*) ; et ces derniers n'au-
raient-ils pas vu une violation mortelle du principe de
propriété dans nos lois sur l'expropriation pour cause
d'utilité publique? Lorsque, en 89, les dîmes furent
abolies, M. Thiers sait bien que tous les membres du
clergé crièrent au vol; et ce que Mirabeau appelait une
restitution, l'abbé Siéyès l'appela une *spoliation*.

La vérité est que la notion de propriété n'a cessé de
varier selon les temps et selon les lieux. On en peut dire
autant de la notion de liberté, autant de la notion de
concurrence.

La société féodale, qui admettait le servage, ne reposait pas probablement sur le principe de liberté, à la façon de notre société moderne.

Le régime des jurandes et des maîtrises ne reposait
pas sur le principe de concurrence, comme le régime
qui, depuis 1789, s'est développé sous le nom de liberté
d'industrie.

Il est donc fort douteux que M. Thiers se soit bien
compris lui-même, lorsqu'il a annoncé qu'il venait défendre «la société de tous les temps et de tous les pays. »

Maintenant, je me demande, comme M. Thiers, quel

est, ou plutôt, quel doit être le principe de la propriété ?
Et, comme M. Thiers, je réponds : C'est le travail.

Mais de là dérivent deux conséquences, qu'il faut absolument que M. Thiers accepte :

La première, c'est que toute propriété qui ne vient
pas du travail est sans fondement, c'est-à-dire illégi-
time ;

La seconde, c'est que tout travail qui ne conduit pas
à la propriété est sans dédommagement, c'est-à-dire op-
pressif.

Jugerons-nous, d'après ces règles, la société actuelle ?

Ce qu'elle nous offre tout d'abord, c'est l'affligeant
spectacle d'une foule d'hommes dont chacun peut dire :
« J'ai travaillé à nourrir mes semblables, et je ne suis
« pas sûr d'avoir toujours du pain. J'ai travaillé à la con-
« fection de ces étoffes précieuses, et voyez mes hail-
« lons. J'ai travaillé à la construction de ce palais, et
« je suis en peine de mon gîte ! »

Encore, si c'était là un fait particulier, accidentel,
résultant de causes personnelles ! Mais non : le fait est
général, il est permanent ; il tient aux vices intrinsè-
ques de la constitution sociale actuelle.

En vertu de cette constitution sociale, la somme des
instruments de travail, terres, subsistances, matières
premières de toute sorte, se trouve concentrée aux
mains d'une portion de la société. Or, comme pour travailler il faut des instruments de travail, ceux qui ne les
possèdent pas sont naturellement soumis à ceux qui les
possèdent. De là nécessité pour les premiers de subir
les conditions que les seconds stipulent, et de consentir

à ce que le bénéfice obtenu, au lieu de devenir la propriété du travailleur, ne serve qu'à payer le loyer des instruments de travail.

Ainsi, quand M. Thiers déclare, en droit, que « le « principe de la propriété c'est le travail, » la société actuelle lui répond, en fait : « La source de la propriété « des uns, c'est le travail des autres. »

Le droit et le fait se trouvant de la sorte en contradiction flagrante, il faut que M. Thiers renonce ou à proclamer le droit, ou à défendre le fait : nous attendrons qu'il se décide !

Continuons :

« L'homme, sans le travail, est le plus misérable des « êtres. Dieu l'a grandement doué, mais avant d'avoir « exercé ses facultés, il est le plus misérable des êtres. « Il n'est quelque chose que par le travail. Eh bien ! la « nature, la société lui ont dit : Travaille, travaille ! et tu « seras assuré de conserver le fruit de ton travail... Mais « quand elle lui a dit cela, elle lui a donné un stimulant « puissant. Il faut que ce stimulant soit infini, et elle lui « dit : Travaille, travaille ! le produit de ton travail sera « pour toi et pour tes enfants. Et alors son ardeur est « infatigable. Il travaille jusqu'au dernier jour de sa vie ; « il a toujours un but à son ardeur. »

J'en demande pardon à M. Thiers, la société actuelle ne dit rien, elle ne peut rien dire de semblable à la plupart de ceux qui la composent ; et si elle osait tenir ce langage dérisoire aux prolétaires, voici ce que les prolétaires répondraient :

« Vous nous criez : Travaille ! Mais nous n'avons ni un champ, pour labourer ; ni du bois, pour construire ; ni du fer, pour forger ; ni de la laine, de la soie, du coton, pour en faire des étoffes. C'est peu : ne nous est-il pas interdit de cueillir ces fruits, de boire à cette fontaine, d'aller à la chasse de ces animaux, de nous ménager un abri sous ce feuillage ? Tout nous manque pour vivre comme pour travailler, parce qu'en naissant nous avons trouvé tout envahi autour de nous ; parce que des lois, faites sans nous et avant nous, ont remis cruellement au hasard le soin de notre destinée ; parce qu'en vertu de ces lois, les MOYENS DE TRAVAIL dont la terre semblait avoir réservé l'usage à tous ses enfants, sont devenus la possession exclusive de quelques-uns. A ceux-ci de disposer de nous, car nous ne pouvons disposer de nous-mêmes. — Travaille ! — Nous sommes prêts, mais en ceci pensez-vous que nous dépendions de notre seule volonté ? — Travaille, et tu seras assuré de conserver le fruit de ton travail. — Hélas ! comment pourriez-vous nous garantir le fruit de notre labeur, quand vous ne pouvez ou n'osez pas nous garantir l'emploi de nos bras ? — Travaille ! Le produit de ton travail sera pour toi et tes enfants. — Vous nous trompez, vous nous trompez ! Non, le produit de notre travail ne sera ni pour nous, ni pour nos enfants. Car notre dénûment nous met au service d'autrui, et ce qu'on nous offre, en échange de notre activité féconde, ce n'est pas le produit créé, c'est seulement un salaire qui nous permettra de vivre en le

créant, salaire dont la concurrence maintient le chiffre
au niveau des plus strictes nécessités de la vie, et qui
ne laisse presque jamais de la marge pour des épargnes,
que dévorerait, d'ailleurs, le premier jour de chômage
ou de maladie. Ce n'est donc pas la perspective du bien-
être futur de nos enfants qui nous stimule, nous : En
fait de stimulant, nous ne connaissons que la faim. »

Qu'après cela, M. Thiers appelle la propriété un *droit*,
et qu'il le déclare essentiel à la société, inhérent à la nature humaine, je n'aurai garde d'y contredire. Il est certain que l'homme ne peut vivre qu'en s'appropriant les
objets extérieurs. Mais c'est précisément parce que la
propriété est un *droit*, qu'il ne faut pas la rabaisser jusqu'à en faire un *privilége*. C'est précisément parce que
le droit de propriété est inhérent à la nature humaine,
que tous ceux qui appartiennent à la nature humaine
sont appelés à jouir des avantages du droit de propriété. Il ne s'agit pas de le nier, au détriment de quelques-
uns; il s'agit de le confirmer, au profit de tous. La
question se réduit donc à savoir si la société actuelle,
qui nous montre tant de milliers d'hommes gagnant 30
ou 40 sous par jour, moyennant 12, 13 et quelquefois
14 heures de travail, donne à chacun la propriété pour
but et pour stimulant. La question est de savoir si la
société actuelle, qui n'ose même pas s'engager à fournir des moyens de travail à tant de malheureux qu'atten-
dent des chômages meurtriers, respecte bien véritable-
ment dans chacun les droits *essentiels à la nature humaine*. Car enfin, si la qualification donnée par M. Thiers
au droit de propriété est exacte — et c'est notre avis

— il est clair que tout homme sans propriété se trouve en dehors de sa condition d'homme, puisqu'il manque de ce qui est *essentiel à sa nature.*

Oui, le droit de propriété est un droit naturel ; oui, il importe de le consacrer. Mais, à cause de cela même, il faut appeler tous les hommes à en jouir. Et le moyen, c'est d'établir des institutions sociales qui tendent à généraliser de plus en plus l'usage des instruments de travail ; le moyen, c'est de substituer au régime actuel, fondé sur l'individualisme, un régime fondé sur l'association. Plus de salariés : des associés ! C'est ce que nous expliquerons tout à l'heure, notre intention étant de suivre M. Thiers pas à pas dans la route qu'il a lui-même tracée à la discussion.

Le second principe sur lequel, d'après M. Thiers, la société d'aujourd'hui repose, c'est la liberté sociale, celle qui « consiste, dit-il, à disposer de ses facultés comme « on l'entend, à choisir sa profession. »

Ou je me trompe fort, ou cette assertion aura été pour les hommes du peuple un grand sujet d'étonnement. Quoi ! ils sont libres d'entrer dans la carrière de la magistrature, de s'appliquer aux lettres, d'aspirer aux grasses fonctions de la finance, ces pauvres enfants qui, forcés d'ajouter au salaire paternel le fruit d'un travail horriblement précoce, sont envoyés, dès l'âge de sept ans, dans une manufacture, où la flamme de leur intelligence s'éteint, où la santé de leur âme se perd, où toutes leurs facultés s'épuisent à servir une roue qui tourne ! Quoi ! ils sont libres de suivre le goût qui les entraîne

vers l'agriculture, qui les attire vers le commerce, ces
adolescents, fils du pauvre, que réclame le devoir mili-
taire, dont les fils du riche se dispensent à prix d'or!
Quoi! elles sont libres de devenir d'honnêtes mères de
famille ces pécheresses, que le tragique ouvrage de
Parent-Duchâtel nous montre irrésistiblement poussées
dans les impasses de la prostitution par l'excès de la
misère! Ah! monsieur, ne voyez-vous pas que le régime
dont vous vous portez le défenseur, donnant tout au hasard d'une naissance heureuse, c'est ce hasard et non la
loi naturelle des vocations qui décide presque toujours
du choix des carrières? Ne voyez-vous pas que le dé-
classement, que la dépravation de presque toutes les aptitudes est justement le vice fondamental et caractéris-
tique du système social dont vous vous faites le panégyriste? On cite et l'on compte ceux qui, par un surcroît
d'énergie aidé de circonstances particulières, sont parvenus à dompter les obstacles dont le berceau du pauvre
est entouré. Le pauvre libre! Ah! nous ne laissons même
pas à sa liberté la borne de nos rues et la pierre de nos
chemins, car nous punissons comme mendiant celui qui
tend la main, faute d'emploi, et comme vagabond celui
qui s'endort sur les marches de nos palais, faute d'asile.
Non, le pauvre n'a pas cette liberté sociale dont vous
parlez, parce que la tyrannie cachée dans vos institutions l'attend au seuil même de la vie; c'est à peine si,
à son tour, le riche est appelé à en jouir, de cette liberté, asservi qu'il est aux préjugés sociaux, nés de la
vanité des distinctions. Louis XVI, qui eût été un digne
et heureux serrurier, a dû au hasard de sa naissance de
laisser sa couronne sur un échafaud; et tel homme qui

mourra sur un grabat, après avoir vécu dans une mansarde, avait en lui les germes de l'intelligence qu'exige le gouvernement des empires. En veut-on la preuve? Elle est fournie par toutes les révolutions, qui, agitant la société de manière à en déchirer la surface, ont si souvent tiré de ses profondeurs de quoi étonner les hommes !

Après avoir prétendu que chacun aujourd'hui était *socialement libre*, M. Thiers se hâte d'en conclure qu'il dépend de chacun d'être heureux ou malheureux, riche ou pauvre; que ceux-là réussissent, en qui le talent se trouve réuni à la vertu; et que, s'il arrive à quelques-uns de retomber du haut de la fortune dans la misère, c'est qu'ils ont manqué d'une dernière qualité, la prudence.

Il est étrange que lorsqu'on assure avoir observé les faits, on tienne un pareil langage.

Je demanderai à M. Thiers :

S'il suffit à un homme de lettres, pauvre et sans nom, d'avoir de la vertu et du talent pour publier ses livres;

S'il suffit à un penseur, indigent et obscur, d'avoir de la vertu et du talent pour tirer parti d'une découverte;

S'il suffit à un industriel laborieux d'avoir de la prudence pour se sauver des effets meurtriers, inévitables, de l'anarchie industrielle : faillites lointaines, banqueroutes imprévues, ruineuses séditions de la misère, crises périodiques du commerce ?

Je lui demanderai encore :

S'il n'est pas vrai que, dans cette société qu'il glorifie, les grandes fortunes peuvent s'accroître sans que les possesseurs s'en mêlent, et uniquement parce que leur argent gagne de l'argent pour eux ;

S'il n'est pas vrai que, dans cette société où l'on prête seulement aux riches, ceux qui ont le moins besoin d'avoir du crédit sont ceux qui ont le moins de peine à en trouver ;

S'il n'est pas vrai que, dans cette société léonine, on a d'autant plus de facilité à s'enrichir qu'on on est plus riche, et d'autant plus de difficulté à sortir de la misère qu'on est plus misérable ;

S'il n'est pas vrai que, dans cette société, fondée sur le principe de la loterie, on trouve des millionnaires au maillot, des hommes qui vivent dans l'opulence, non pas grâce à leur talent ou à leur vertu, mais parce que le billet gagnant était au fond de leur berceau, et que, suivant le mot de Beaumarchais, ils se sont donné la peine de naître ;

S'il n'est pas vrai, enfin, qu'il existe aujourd'hui mille moyens de s'enrichir, que les institutions protégent ou rendent possible, quoiqu'ils n'aient rien de commun ni avec le talent ni avec la vertu, savoir : l'exploitation, sous toutes sortes de formes, de l'intelligence par le capital ; la concurrence déloyale au moyen de l'abaissement systématique des prix de vente ou de la falsification des produits ; les jeux de bourse, l'agiotage, l'usure?

Le fait est que personne aujourd'hui ne dépend,

comme cela devrait être, de sa bonne conduite, de sa sagesse, de sa prévoyance. Que de prudentes combinaisons déjouées, que d'efforts courageux perdus dans cette anarchie dévorante, au-dessus de laquelle plane, invisible, mais toujours en action, l'humiliante dictature du hasard !

Le troisième principe, continue M. Thiers, c'est « la « concurrence, c'est-à-dire l'émulation. »

L'émulation ! Ah ! prenons-y garde ! Il y a divers genres d'émulation ; et à se servir d'expressions mal définies, le péril est extrême. Nous montrerons tout à l'heure où serait l'émulation véritable ; en attendant, cherchons ce que signifie le mot concurrence. Son étymologie même l'indique : *cum currere, courir avec.* Ainsi, dans la course des hommes vers la fortune, la concurrence, c'est l'ardeur que chacun met à dépasser autrui et à s'emparer du prix de la course. Mais supposez la carrière trop étroite ; supposez les concurrents trop nombreux : les voilà qui se précipitent les uns sur les autres, qui se heurtent, qui se renversent ; de sorte que les victorieux n'atteignent le but qu'en marchant sur le corps de leurs rivaux gisants et meurtris. Qu'importe que l'ardeur soit puissante, si elle est subversive ? Qu'importe que l'aiguillon soit énergique, s'il est homicide ? En fait de stimulants, connaissez-vous rien de comparable à la haine, à l'envie, au sentiment de la vengeance ? Et la cupidité, dont la concurrence se nourrit après l'avoir enfantée, ne se compose-t-elle point de tout cela ? Oh ! les sages législateurs qui, ayant la société à mettre en mouvement, vont choisir leurs mobiles dans la partie la plus souillée du cœur humain, dans ce qui en agite et en fait monter à la surface tout le limon ! N'oubliez donc pas, de grâce, que la concurrence est un combat ; que, dans la concurrence, chaque succès correspond à un désastre, et qu'à travers chaque cri de joie on distingue et l'on devine un gémissement.

Deux hommes se battent en duel : il y a en eux émulation..... pour s'entre-égorger ! C'est l'émulation de la concurrence.

J'admire la sérénité de M. Thiers, quand il s'écrie : « Travaille, travaille à tes risques et périls ; tâche de « faire mieux que ton voisin ; observe de quelle manière « il s'y prend... Si tu fais mieux, eh bien ! l'acheteur « ira à toi. »

Le conseil serait excellent, sans nul doute, si, pour faire mieux que son voisin, il suffisait, après avoir observé de quelle manière il s'y prend, d'être plus laborieux ou plus habile. Mais non : pour faire mieux que son voisin, le grand procédé c'est d'avoir plus de capitaux qu'il n'en emploie. Voilà ce qui a échappé à M. Thiers, et cependant là est le vrai point de la question. Car c'est avec des capitaux qu'on réalise, sur les frais de production, des économies décisives, qu'on surmonte les crises, qu'on en profite, qu'on domine, et, souvent, qu'on règle les péripéties du marché, qu'on se procure l'usage exclusif de ces triomphantes machines, massues de fer, au moyen desquelles on écrase à coup sûr tous ses rivaux. La concurrence n'est donc pas seulement un combat, c'est un combat dans lequel les armes sont deux fois inégales, puisque la société ici ajoute aux inégalités de talent les inégalités de position : ce qui va, soit dit en passant, contre le but même de l'établissement social, la société étant instituée pour empêcher l'oppression qui, dans l'état sauvage, résulterait du jeu des inégalités naturelles.

M. Thiers se borne à citer, comme preuve des bienfaits dus à la concurrence, les perfectionnements introduits dans l'art de filer le coton ! Un panégyriste ne saurait être plus modeste et plus réservé. Nous, adversaires déclarés du système de concurrence, nous n'aurons pas de peine à reconnaître qu'on lui doit de bien autres progrès et d'une toute autre importance. Mais à combien d'hommes ces progrès profitent-ils, et à quel prix faut-il qu'on les achète ?

Examinons un peu cette question : elle en vaut la peine, et il est dommage que M. Thiers n'y ait pas songé.

La science découvre sans cesse des moyens nouveaux de remplacer les services de l'homme par ceux de la nature.

La division du travail centuple les forces de la production.

Les barrières commerciales qui séparent les peuples tendent à disparaître.

La production concentre de plus en plus ses ressources et son action.

Les relations vont s'étendant chaque jour davantage par le développement du crédit.

Eh bien ! de toutes ces choses, dont chacune porte le caractère du progrès, et qui, dans un régime moins déplorable que le nôtre, constitueraient un progrès profitable à tous, il n'en est pas une seule qui ne soit de nature à aggraver, au moins pendant un temps déterminé, la position d'un grand nombre de travailleurs.

Chaque machine nouvelle est pour qui l'emploie une source de bénéfices, mais elle chasse de l'atelier une foule de journaliers, dont elle supprime ainsi la propriété, c'est-à-dire le travail. Les malheureux qui se trouvent atteints courent frapper à la porte des ateliers où travaillent leurs frères ; ils offrent leurs services au rabais ; ils font baisser le salaire par l'empressement de la demande ; et, jusqu'à ce que l'équilibre soit rétabli entièrement, jusqu'à ce que l'influence de l'invention nouvelle soit devenue bienfaisante en se généralisant, c'est sur la tête des faibles que pèse le poids de l'innovation qui a fait la fortune d'un seul ou de quelques-uns.

La division du travail serait, dans une société bien réglée, d'un incontestable avantage. Sous le présent régime, que fait-elle du travailleur ? Elle tend à le pousser au dernier degré de l'abrutissement en occupant sa vie tout entière à façonner la tête d'une épingle ou à tourner une manivelle.

Pas de barrière commerciale qui, en tombant, n'ouvre passage aux produits étrangers et ne détermine à l'intérieur une crise momentanée. Qui en souffre ? Presque toujours c'est l'ouvrier. N'a-t-on pas vu des spéculateurs fonder sur ces moments de gêne des calculs tristement réalisés ? La perte qu'ils éprouvaient sur le bénéfice, ils la rejetaient sur le salaire, entretenant, du reste, l'activité de la production et emmagasinant les produits. La crise passée, ces produits avaient un écoulement facile, et le spéculateur se trouvait plus riche de ce qu'il aurait dû perdre et de ce qu'avaient perdu de malheureux journaliers. C'est là de l'histoire : en fait-on de plus poignante ?

La production, en se concentrant, permet une économie notable dans les frais de main-d'œuvre; mais, d'un autre côté, elle est obligée d'étendre son marché outre mesure, de compter sur des consommateurs qui vivent au loin, qu'elle ne connaît pas, dont elle n'a aucun moyen de supputer le nombre, et dont les besoins variables échappent nécessairement à son appréciation. Or, dans cette grande guerre que se livrent tous les intérêts, sollicités qu'ils sont par la concurrence, qui ne sent que, sur un marché plus vaste, les péripéties industrielles doivent être plus nombreuses et plus formidables? Comptez maintenant les victimes que nos immenses ateliers, quand ils s'écroulent, écrasent sous leurs débris.

L'extension du crédit est en soi une excellente chose. Et pourtant, dans notre système d'isolement et d'individualisme, quels désastres n'enfante-t-il pas ? Un journalier assez heureux pour avoir trouvé l'occasion de gagner, à la sueur de son front, son pain et celui de sa famille, se voit brusquement refoulé dans l'extrême misère. A qui s'en prendra-t-il? Au chef d'industrie ? Mais ce n'est pas des fautes de ce dernier que vient la chute de l'atelier où l'ouvrier était nourri. Un atelier se ferme en France parce que telle grande maison a fait faillite en Angleterre; une grande maison a fait faillite en Angleterre parce que tel engagement frauduleux a été contracté en Amérique! Dans un système sagement organisé d'association, l'influence de pareils désastres serait bornée; on la sentirait à peine, parce qu'elle se répartirait sur toutes les têtes, et nous n'assisterions pas à ce scandaleux phénomène de plusieurs milliers d'ouvriers laborieux et honnêtes dépendant de la mauvaise foi ou de la folie de quelques lointains millionnaires.

Si tel est le vice du mécanisme social, aujourd'hui, que nul progrès ne se puisse accomplir sans apporter au peuple une inquiétude ou une douleur, qu'on juge du reste !

Certaines gens — et M. Thiers paraît être du nombre — croient d'une haute prudence de garder le secret sur les misères publiques, et de le garder principalement envers ceux qui en souffrent. Ils s'imaginent que les hommes qui meurent de faim ne s'en apercevraient jamais si l'on ne prenait soin de les en avertir. De pareils calculs sont très-profonds sans doute, mais nous avouons, en toute humilité, n'en pas comprendre la profondeur. Nous pensons, nous, que, lorsqu'il arrive au peuple de se laisser pousser à la révolte par le désespoir, c'est parce que sa situation est devenue intolérable, et pas du tout parce qu'on lui a donné la chose à lire dans des livres ; nous pensons que tous les livres du monde ne persuaderaient pas à M. Thiers qu'il est malade lorsqu'il se sent très-bien portant. Il existe bien, à la vérité, des malades imaginaires ; mais, s'ils étaient plus nombreux, Molière, en les mettant sur la scène, aurait obtenu moins de succès. Le danger n'est pas à étudier les maux de la société, à les décrire ; il est, au contraire, à se les dissimuler à soi-même et à les dissimuler aux autres. Car alors ceux qui sont chargés du soin des empires se prennent au piége d'une fausse sécurité. Délivrés d'un souci salutaire, ils s'abstiennent de prévoir, de chercher et d'agir ; comme ces imprudents dont l'histoire a éternisé la folie, ils se couronnent de fleurs, ils s'écrient : « A demain les affaires sérieuses, » et, après s'être assoupis dans l'illusion, ils se réveillent dans la tempête. Sonder les plaies sociales d'une main courageuse, proclamer la vérité loyalement, forcer de la sorte les gouvernants à une sollicitude active, voilà le vrai moyen de prévenir les révolutions, de conjurer les catastrophes ; voilà, suivant nous, la grande prudence.

Nous n'éprouverons, par conséquent, aucun scrupule à combattre les chiffres dont M. Thiers berce complaisamment son optimisme. L'essentiel serait d'écrire l'histoire de la misère : M. Thiers n'en a fait que le roman.

M. Thiers triomphe de ce qu'à Rouen, à Lille, le salaire des tisserands, qui était, d'après lui, de 30 sols, est aujourd'hui de 40. Eh bien! qu'on ouvre l'histoire de l'industrie cotonnière en Alsace par M. Boërts, on y verra quelles causes, toujours subsistantes, ont fait descendre, en général, le salaire des tisserands à *soixante centimes*, pour un travail dévorant de *quatorze ou même de seize heures* par jour. Nous avons eu occasion d'étudier par nous-mêmes à Troyes le sort de la classe ouvrière, et voici le chiffre que nous a fourni une enquête personnelle. Les tisserands, à Troyes, lors de notre passage dans cette ville, étaient au nombre de 5 à 600. Ils gagnaient journellement de 75 c. à 1 fr. 50. Quelques-uns seulement avaient jusqu'à 2 fr., mais grâce à un travail de quatorze heures par jour environ. Que, dans certaines professions, la métallurgie, par exemple, les salaires se soient élevés, nous n'en disconviendrons pas ; mais ce qu'il ne faudrait pas oublier, c'est que, dans d'autres professions, la baisse a été considérable. Il est certain que, par un enchaînement logique de causes et d'effets qui seront expliqués plus bas, la concurrence tend à faire décroître les salaires. Aussi résulte-t-il des *Recherches de Marschall* que, de 1814 jusqu'en 1833, le prix de la main-d'œuvre, dans les manufactures de coton, se trouvait avoir baissé fatalement des onze douzièmes.

Au surplus, les exemples cités par M. Thiers n'étant empruntés qu'à trois ou quatre industries, rien de moins concluant qu'une démonstration semblable. Pour notre compte, quand nous avons voulu formuler en chiffres la condition de la classe ouvrière, nous ne nous sommes pas cru en droit de nous contenter de si peu ; nous avons fait porter l'enquête sur *toutes ou presque toutes les professions*. Les résultats en sont consignés dans le livre de l'*Organisation du travail*, auquel nous renvoyons les lecteurs curieux de connaître jusqu'à quel point la statistique condamne les doctrines de M. Thiers.

Rapprocherons-nous, maintenant, des prix de la main-d'œuvre ceux des objets de consommation? Ici, nous pouvons nous épargner les frais de controverse ; car M. Thiers lui-même avoue que, si les vêtements de l'ouvrier lui coûtent aujourd'hui moins cher, en revanche il lui en coûte plus et pour se loger et pour se nourrir, les logements qui représentaient 90 francs représentant aujourd'hui 120 francs, et le prix de la viande ayant augmenté.

Nous reprendrons tout à l'heure cet article, si important, la nourriture du peuple ; mais, dès à présent, nous pouvons constater et nous constatons, d'après les propres déclarations de M. Thiers, que de ces trois grandes nécessités de la vie : la nourriture, le gîte et le vêtement, les deux premières, qui sont les plus essentielles, sont devenues plus lourdes pour l'ouvrier.

Il ne s'agit pas uniquement, d'ailleurs, de savoir ce que l'ouvrier gagne et dépense lorsqu'il travaille, il faut aussi se demander ce qu'il devient lorsqu'il ne lui est pas donné de pouvoir travailler. Cet aspect de la question, si poignant, si terrible, pourquoi M. Thiers s'est-il abstenu de l'envisager ? Pourquoi ne nous a-t-il pas présenté, dans chaque état, le chiffre des mortes-saisons ? Pourquoi ne s'est-il pas enquis de tout ce que renferment d'angoisses et de tortures, pour un pauvre journalier chargé de famille, plusieurs mois de chômage ou, seulement, plusieurs mois de maladie ?

Quant à la condition des femmes, M. Thiers n'a garde d'en parler ; il ne nous dit pas qu'abandonnées à elles-mêmes, les filles du peuple, au milieu du tourbillon des grandes villes, ont une difficulté inouïe à gagner leur existence ; que le travail des couvents les écrase sous le poids d'une rivalité violente, aveugle, meurtrière ; que beaucoup, parmi elles, ayant besoin d'un amant pour vivre, sont réduites à l'alternative ou d'expier la vertu par la faim, ou de vendre l'amour ; que, chez elles, les progrès du luxe en fait de toilette ne sont, hélas ! bien souvent, que la dénonciation des extrémités et des artifices de l'indigence.

Il est à remarquer qu'ayant à défendre la concurrence, M. Thiers s'est réfugié derrière quelques chiffres pris

au hasard, et a craint de s'aventurer dans le raisonnement. C'est que la statistique, à cause de l'arbitraire et
de l'incertitude de presque toutes ses données, a bien
plus d'élasticité que la logique. On se compromet bien
moins en produisant un chiffre contestable qu'en rai-
sonnant faux.

Faisons ce que M. Thiers n'a pas fait ; analysons
logiquement les effets de la concurrence.

Quiconque possède quelques notions d'économie politique sait que la richesse résulte de l'équilibre entre la
production et la consommation. Des produits industriels
qui ne servent à rien ou qu'on ne consomme pas repré-
sentent un travail inutile ; et tout travail inutile est ruineux. Or, il nous sera facile de prouver que la concurrence aboutit, contrairement aux vraies lois de la
science économique : A UN ACCROISSEMENT DÉMESURÉ DES
FORCES DE LA PRODUCTION ET A UNE DÉCROISSANCE CORRES-
PONDANTE DES MOYENS DE CONSOMMATION.

Sous l'empire de la concurrence, la production se
développant au hasard, sans appréciation certaine des
obstacles et au milieu de chances prodigieusement diverses, on pourrait comparer les excitations de la concurrence à celles du jeu. C'est la fougue dans l'imprévu.
Aussi, quelle impulsion un semblable système n'a-t-il
pas donnée à la cupidité humaine ? Et comme la passion
du gain s'est emparée des âmes ! N'avons-nous pas vu
spéculer sur tout ce qui existait et, plus encore, sur ce
qui n'existait pas : sur des propriétés imaginaires, sur
des mines fantastiques, sur des idées qui n'étaient que
des mots ? La fureur des aventures n'a-t-elle pas été
poussée jusque-là qu'on a fondé — consultez plutôt

M. de Villeneuve (Économie politique chrétienne), — qu'on a fondé je ne sais quelles ignobles industries sur les scènes qui se jouent au cabaret et dans les maisons de débauche?

Mais, chose effrayante et bien digne d'être méditée ! le même système qui tend à élargir le cercle de la production, en aiguillonnant l'avidité des uns, tend à resserrer celui de la consommation, en réduisant de jour en jour les ressources des autres.

Sous l'empire de la concurrence illimitée, un journalier empêchera-t-il qu'une affluence toujours plus nombreuse de rivaux affamés comme lui, ne rende l'offre de ses bras superflue, et ne mette son travail à l'encan? Il faudrait cent ouvriers dans cette sphère d'industrie : il en vient deux cents, il en vient six cents, il en vient mille ! Que faire? Sacrifier la moitié de son pain pour conserver l'autre moitié. Dira-t-on que, s'il est des industries qui ont trop de bras, d'autres en manquent. Eh qu'importe? Est-il donc si facile au pauvre de transporter d'ici là sa famille et sa misère ? Et puis, lui serait-il loisible de changer de métier comme de contrée? La décroissance du salaire est donc un fait qui découle directement de l'action de la concurrence. Or, les consommateurs ne sont pas ceux qui éprouvent un désir, ce sont ceux qui ont de quoi en payer la réalisation. Avec quel revenu tous ces travailleurs dont le nombre s'accroît si vite, achèteraient-ils les produits, de plus en plus variés, d'une industrie dont le développement est favorisé par les excitations d'une concurrence sans frein, et dont les procédés, perpétuellement renouvelés, appellent un aliment toujours nouveau?

Et puis, si l'ouvrier ne reçoit pour un travail donné qu'un salaire insuffisant, il faudra bien qu'il se résigne à travailler plus longtemps et davantage. Si ce n'est assez de son propre travail, il y ajoutera celui de sa femme, il y ajoutera celui de ses enfants, qui, livrés corps et âme au démon de la production, ne seront plus pour leur père qu'un salaire vivant. Interrogez le rapport lu à la société industrielle de Mulhouse, le 31 mai 1837 ; vous y lisez avec horreur que *des enfants de huit ans ont été astreints à passer dans les filatures de coton quinze et quelquefois dix-sept heures, sur lesquelles on ne leur accordait qu'une heure et demie de repos pour leur repas.*

Voilà donc une classe nombreuse, immense, réduite à la nécessité de produire chaque jour davantage, et de consommer moins chaque jour !

Vainement nous objecterait-on que la concurrence a pour effet naturel d'étendre la consommation par le bon marché : ceci est très-vrai jusqu'à une certaine limite, celle qui sépare les salariés des non salariés ; mais, passé cette limite, tout change. Il ne faut pas oublier, en effet, qu'un des éléments du bon marché c'est la réduction du salaire : de sorte que l'ouvrier a d'avance perdu d'un côté ce qu'il gagnerait de l'autre.

Notre affirmation reste donc intacte. Or, sans parler de ce qu'un semblable résultat a de poignant, qu'imaginer de plus fatal, de plus ruineux, de plus absurde, de plus manifestement contraire à toutes les notions de la science économique ? Quoi ! la prospérité des nations gît dans l'équilibre établi entre la production et la consommation, et voici un régime sous lequel nous voyons se

produire ce phénomène vraiment monstrueux : ACCROIS-
SEMENT DES FORCES DE LA PRODUCTION ; DÉCROISSANCE COR-
RESPONDANTE DES MOYENS DE CONSOMMATION !

Et quand nous dénonçons le mouvement fébrile im-
primé à la production, qu'on ne nous oppose pas nos
paroles, pour prétendre que l'ouvrage ne manque pas à
ceux qui en demandent. Tel est le vice profond du système que, même au sein d'un mouvement désordonné
de production, le pauvre court après l'emploi, et tombe
souvent sur la route, épuisé de faim et de misère. Oui,
la production s'accroît plus vite que la consommation ;
et, ce qui est d'une portée terrible, la population, à son
tour, s'accroît plus vite que la production. A Paris, par
exemple, on a calculé que, pour un laps de temps donné, les naissances, dans les quartiers riches, n'étaient
que du 1/32e de la population, tandis qu'elles sont du
1/26e dans les quartiers pauvres. Est-il besoin d'ajouter
que l'accroissement de cette population de pauvres rend
la concurrence plus fougueuse encore et plus meurtrière ?

Mais à côté de l'ouvrier qui lutte contre l'ouvrier,
j'aperçois le fabricant qui lutte contre le fabricant.

Car, quand un système est funeste à une partie de la
société, la Providence veut, par une admirable loi, que
ce système soit funeste à la société tout entière. Les
hommes peuvent bien, à force de folie, changer les effets
de la solidarité qui les unit, mais il ne leur est pas donné de la détruire, et lorsqu'ils ne l'acceptent pas dans le
bien, ils sont obligés de la subir dans le mal. Voilà
pourquoi, en prenant en main la cause du peuple, je me
porte hautement le défenseur de la bourgeoisie. Qu'elle

encense ceux qui la flattent et la conduisent à sa perte ; qu'elle proscrive, au contraire, et qu'elle poursuive d'une haine aveugle ceux qui lui donnent des conseils sauveurs...., c'est ce qu'ont toujours fait les puissances arrivées au faîte ; c'est ce que font les rois, qui préfèrent toujours leurs courtisans à leurs amis !

Je disais donc que la concurrence met aux prises les fabricants eux-mêmes. Or, cet antagonisme universel devient, à son plus haut degré, une véritable guerre de sauvages. Comme il n'y a point de place pour tous, là où une fortune s'élève, une fortune s'est écroulée ; là où un homme se montre debout, un homme a été tué. —Vous entrez dans le domaine du travail, c'est bien ; mais votre clientèle ? — Je prendrai celle du voisin. — Alors le voisin mourra ?—Qu'y puis-je ? si ce n'était lui, ce serait moi. — Voilà l'histoire de l'industrie aujourd'hui !

Et la bourgeoisie ne s'aperçoit pas que tout ceci conduit la moyenne propriété à être dévorée par la grande ; que tout ceci mène droit à la destruction du commerce ; que le dernier terme de ce beau système est le vasselage du gros de la bourgeoisie à l'égard d'une oligarchie, très-restreinte, de puissants financiers ! On parle des périls que court la propriété ! Ses véritables périls, je les dénonce ici. Car, lorsqu'elle se développe dans un cercle inflexible, qui ne s'élargit jamais, la concurrence arrive à être.... savez-vous quoi ? une expropriation universelle. Après cela, M. Thiers a la naïveté de reconnaître que, grâce à la concurrence, la condition des entrepreneurs s'est empirée ; qu'il y a eu dépréciation continue dans la valeur des capitaux. Eh ! sans doute.

Aussi n'avons-nous eu garde de prétendre que le système social actuel fût favorable à la bourgeoisie. Nous le répétons pour la centième fois : la bourgeoisie est aussi intéressée, que dis-je ? plus intéressée que la classe ouvrière elle-même à ce qu'il soit coupé court à une situation où les uns seront embarrassés de l'emploi de leur argent, comme les autres de l'emploi de leurs bras. Chose effrayante et bizarre ! la séparation du capital d'avec la main-d'œuvre aboutit, grâce à la concurrence illimitée, à la baisse continue de l'intérêt, et à la baisse systématique du salaire.

A cela, quel remède ? Aucun, tant qu'on n'aura pas substitué au principe d'individualisme le principe d'association. Essayez de reculer les bornes de cet étroit marché où vous vous dévorez misérablement les uns les autres. Courage ! Passez les mers ; allez, pour avoir des consommateurs, au nord et au midi, à l'orient et à l'occident ; faites la conquête de tous les peuples pour leur imposer un servage industriel qui vous puisse rendre heureux et riches, vous ne parviendrez qu'à vous sauver pendant deux ou trois siècles ; l'Angleterre a fait tout cela, et je crains bien que l'heure n'approche où l'épuisement de son système la laissera sans ressources contre la plaie croissante du paupérisme.

Qu'arrivera-t-il, en effet ? Plus le marché est étendu, moins il est facile d'en régler le cours et d'en prévoir les révolutions. Un bouleversement populaire, une grande guerre, en faut-il davantage pour ouvrir des abîmes ? Les produits, jetés d'une main imprévoyante sur des marchés inconnus, y périssent faute de consommateurs. Et, d'un autre côté, comment arrêter la production convaincue de folie ? Si elle s'arrête, si les ateliers se ferment, les ouvriers vont être réduits au désespoir, et, en attendant qu'ils meurent de faim, ils iront faire baisser, partout, par une demande empressée, le salaire de leurs frères qui travaillent encore : une partie du capital fixe que l'industrie employait sera anéantie, une partie des capitaux circulant, détruite ; il y aura danger de mort pour ceux-ci, anéantissement de capitaux pour ceux-là. Qu'on s'obstine, au contraire, à pousser la production dans une carrière où la consommation ne peut plus la suivre ; que, pour ne pas perdre la valeur de tels outils qui ont coûté cher, de telles machines appelées de loin, de tels bâtiments construits à grands frais, on s'engage plus avant dans la même voie d'imprévoyance, on n'aura fait, en reculant la catastrophe, que la rendre plus terrible, et bientôt l'absence de tout bénéfice entraînera l'absence de tout salaire.

Ainsi, ruine pour le fabricant, ruine pour l'ouvrier, ruine pour le consommateur, ruine pour tous.

Mais c'est assez de critique : arrivons aux moyens de réorganisation, nous pourrions dire aux moyens de salut.

« Voyons, s'écrie fièrement M. Thiers aux socialis-
« tes, voyons ce que vous nous apportez, quelles sont
« vos idées. »

Et là-dessus il *énumère*, sans les approfondir le moins du monde, les divers systèmes socialistes produits jusqu'à ce jour.

Nous laisserons à ceux dont M. Thiers attaque, en

passant, les idées, le soin de les venger ; nous nous bornons à défendre les nôtres, en commençant par en reproduire l'exposé, tel que nous l'avons présenté au Luxembourg.

Voici notre plan :

« Aux entrepreneurs, qui, se trouvant aujourd'hui dans des conditions désastreuses, viennent à nous et nous disent : « Que l'État prenne nos établissements « et se substitue à nous, » nous répondrons : « L'État « y consent. Vous serez largement indemnisés. Mais « cette indemnité qui vous est due, ne pouvant être « prise sur les ressources du présent, lesquelles se- « raient insuffisantes, sera demandée aux ressources « de l'avenir : l'État vous souscrira des obligations, « portant intérêt, hypothéquées sur la valeur même « des établissements cédés, et remboursables par an- « nuités ou par amortissement.

« L'affaire ainsi réglée avec les propriétaires d'usi- nes, l'État dirait aux ouvriers : Vous allez travailler désormais dans ces usines comme des frères associés. Pour la fixation de vos salaires, il y a à choisir entre deux systèmes ; mais quel que soit celui qui l'emporte, une fois ce point réglé, vient la question de l'emploi des bénéfices du travail commun.

« Après le prélèvement du prix des salaires, de l'intérêt du capital, des frais d'entretien et de matériel, le bénéfice serait ainsi réparti :

« Un quart pour l'amortissement du capital appartenant au propriétaire avec lequel l'État aurait traité ;

« Un quart pour l'établissement d'un fonds de secours destiné aux vieillards, aux malades, aux blessés, etc.;

« Un quart à partager entre les travailleurs à titre de bénéfice, comme il sera dit plus tard;

« Un quart enfin pour la formation d'un fonds de réserve dont la destination sera indiquée plus bas.

« Ainsi serait constituée l'association dans un atelier.

« Resterait à étendre l'association entre tous les ateliers d'une même industrie, afin de les rendre solidaires l'un de l'autre.

« Deux conditions y suffiraient :

« D'abord on déterminerait le prix de revient ; on fixerait, eu égard à la situation du monde industriel, le chiffre du bénéfice licite au-dessus du prix de revient, de manière à arriver à un prix uniforme et à empêcher toute concurrence entre les ateliers d'une même industrie.

« Ensuite, on établirait dans tous les ateliers de la

même industrie un salaire, non pas égal, mais proportionnel, les conditions de la vie matérielle n'étant point identiques sur tous les points de la France.

« La solidarité ainsi établie entre tous les ateliers d'une même industrie, il y aurait enfin à réaliser la souveraine condition de l'ordre, celle qui devra rendre à jamais les haines, les guerres, les révolutions impossibles ; il y aurait à fonder la solidarité entre toutes les industries diverses, entre tous les membres de la société.

« Deux conditions pour cela sont indispensables :

« Faire la somme totale des bénéfices de chaque industrie, et cette somme totale la partager entre tous les travailleurs.

« Ensuite, des divers fonds de réserve dont nous parlions tout à l'heure, former un fonds de mutuelle assistance entre toutes les industries, de telle sorte que celle qui, une année, se trouverait en souffrance, fût secourue par celle qui aurait prospéré. Un grand capital serait ainsi formé, lequel n'appartiendrait à personne en particulier, mais appartiendrait à tous collectivement.

« La répartition de ce capital de la société entière serait confiée à un conseil d'administration placé au sommet de tous les ateliers. Dans ses mains seraient réunies les rênes de toutes les industries, comme dans la main d'un ingénieur nommé par l'Etat serait remise la direction de chaque industrie particulière.

« L'Etat arriverait à la réalisation de ce plan par des mesures successives. Il ne s'agit de violenter personne. L'Etat donnerait son modèle : à côté vivraient les associations privées, le système économique actuel. Mais telle est la force d'élasticité que nous croyons au nôtre, qu'en peu de temps, c'est notre ferme croyance, il se serait étendu sur toute la société, attirant dans son sein les systèmes rivaux par l'irrésistible attrait de sa puissance. Ce serait la pierre jetée dans l'eau et traçant des cercles qui naissent l'un de l'autre, en s'agrandissant toujours. »

Avant de répondre aux objections, je ferai remarquer que si ce système n'a pas été régulièrement essayé, c'est parce qu'on n'en a pas mis les moyens à ma disposition. Car il est bon qu'on sache que *la commission de gouvernement pour les travailleurs* avait été instituée seulement comme commission d'étude. JE SUIS ENTRÉ AU LUXEMBOURG ET J'EN SUIS SORTI SANS AVOIR REÇU UN CENTIME. Voilà pourquoi mon système est encore à l'état de théorie, et voilà ce qui donne beau jeu à tant de gens qui s'autorisent de ce qu'on m'a jeté dans l'impuissance de le pratiquer, pour le déclarer impraticable ! Eh bien ! je ne crains pas d'affirmer qu'avec la moitié de ce qui a été si imprudemment et si ruineusement dépensé dans les ateliers nationaux (lesquels ont été organisés sans moi et contre moi), il m'eût été facile de fermer la bouche à tous ceux qui disent de tout ce qu'ils n'ont pas étudié et ne connaissent pas : c'est impossible !

Examinons maintenant les objections de M. Thiers. Je cite textuellement :

« L'association ! s'écrie-t-il, je suis fâché que l'auteur ou le restaurateur de cette idée ne soit pas dans cette enceinte.

« M. BRIVES. Ce n'est pas sa faute, à lui ! (Agitation.)

« M. THIERS. Il a peut-être des amis qui le suppléeront, en tout cas.

« Eh bien, messieurs, cette opinion, elle est au moins chimérique, un peu moins désertée que celle qu'on appelle communisme : est-elle plus sérieuse au fond ? Quoi ! de tout temps on avait regardé comme vulgaire cette vérité que dans la gestion des intérêts privés le meilleur des surveillants était l'œil du maître ! On avait toujours cru que dans l'industrie privée ce qu'il fallait, c'était l'ardeur, l'intelligence, l'application soutenue des intérêts privés ; et on nous propose dans l'industrie, quoi ? l'intérêt collectif, c'est-à-dire l'anarchie dans l'industrie. Vous figurez-vous toutes les filatures, toutes les forges, toutes les usines de France, gouvernées par une association d'ouvriers, et à l'intérêt privé, qui seul aujourd'hui, même avec des efforts inouïs, avec des prodiges de capacité et d'application, arrive, non pas à faire de grandes fortunes... souvent même il accumule les revers et les ruines ; eh bien ! vous figurez-vous une collection faisant ce que l'intérêt privé, la capacité n'ont pu faire ! Vous avez tout confondu, tout déplacé. Dans l'industrie, le véritable principe, le véritable moteur, c'est l'intérêt privé, la capacité individuelle, tandis que dans l'Etat, c'est l'intérêt collectif, l'intérêt national ; et vous, vous avez tout confondu ; vous avez fait l'association dans le gouvernement, vous avez mis l'anarchie dans l'industrie. »

M. Thiers parle de l'œil du maître : à merveille. Mais pourquoi l'œil du maître est-il si nécessaire ? Parce que, seul, le maître est intéressé à ce que la besogne soit faite activement et bien faite. Or, ce dont M. Thiers ne paraît pas s'être douté, c'est que, dans une association, l'œil du maître est constamment ouvert, par la raison bien simple que, dans une association où chacun est personnellement intéressé aux résultats à obtenir, l'œil du maître, c'est l'œil de tout le monde.

M. Thiers nous reproche de vouloir substituer à l'ardeur des intérêts privés l'intérêt collectif, c'est-à-dire l'anarchie dans l'industrie. Ce *c'est-à-dire* est admirable ; il rappelle le divin *quoi qu'on die* des *Femmes savantes* de Molière.

Eh ! quel rapport y a-t-il donc, je vous prie, entre ces mots « l'intérêt collectif », qui expriment une idée de rapprochement, d'union, de discipline, et ces mots « anarchie dans l'industrie », qui impliquent l'idée de division et de désordre ? Au moins, qu'on respecte la logique du langage. Proclamer la puissance de l'intérêt personnel, c'est faire sonner bien haut une vérité que personne ne conteste. La question est seulement de savoir si les excitations de l'intérêt personnel ne sont pas plus morales et même plus fécondes lorsqu'elles se lient au culte de l'intérêt général que lorsqu'elles s'en écartent. Où M. Thiers a-t-il pris que le stimulant de l'intérêt personnel serait supprimé, parce qu'à la place de tous ces *salariés* qui, travaillant pour le compte d'autrui, ne sont nullement intéressés au résultat de leur travail, on aurait des *associés* qui, travaillant pour leur propre compte, seraient évidemment intéressés à bien faire? Le principe d'association ne demande pas qu'on tisse le fil, qu'on forge le fer pour la patrie ; il demande qu'on tisse le fil, qu'on forge le fer pour soi en même temps que pour les autres. Bien loin d'accepter comme valable l'objection tirée, contre nous, de la légitimité ou de l'énergie de l'intérêt personnel, c'est nous qui nous en emparons contre le régime du salariat. Car enfin, qu'on nous dise où sont, pour le salarié, les excitations de l'intérêt personnel ! Qu'on nous dise ce qui, en dehors des sollicitations tyranniques de la faim, peut l'encourager au travail, l'attacher à la production, lui rendre ses fatigues attrayantes, ou même lui en alléger le fardeau ? Hélas ! composer, à force de privations, un petit pécule qui lui permette de traverser, sans en mourir, les jours de chômage, ou d'épargner à son vieux père l'humiliante agonie de l'hôpital, n'est-ce point là pour lui le dernier terme de la prévoyance, le dernier effort possible de la sagesse ? Le régime de l'association a sur celui du salariat ce

double avantage : d'une part, qu'il satisfait, dans chacun, les exigences de l'intérêt personnel, et, d'autre
part, qu'il lie l'intérêt personnel à l'intérêt général, de
manière à sanctifier le premier en centuplant la puissance du second. Vous invoquez les lois de la nature
humaine, au nom et au profit de quelques-uns ; nous
les invoquons au nom et au profit de tous. Entre vous
et nous voilà la différence.

Poursuivons.

« Et d'ailleurs, si jamais nous discutons profondé-
ment... Je suis obligé d'aller vite, je vous ai déjà re-
tenu bien longtemps et je voudrais arriver enfin au
sujet qui nous occupe, car je ne veux pas abuser d'une
trop grande partie de votre temps, je ne veux toucher
que le sommet des choses ; si je le pouvais, je vous ci-
terais les exemples pris à Paris dans les grands établissements, de cette association merveilleuse qui devait
régénérer l'espèce humaine et rendre à la classe ouvrière sa prospérité, sa dignité ; vous y verriez les désordres et la ruine, vous verriez le salaire diminué par
le fait, par les extravagances d'un mauvais gouvernement. S'il y a une enquête, j'apporterai les faits d'un
certain nombre d'établissements, après trois mois d'association et d'application de ce principe, du principe
collectif qui a été substitué au principe vrai de l'intérêt
individuel. Vous avez mis l'anarchie, je le répète, dans
l'industrie. »

Si M. Thiers, dans les lignes qu'on vient de lire, entend faire allusion à l'association des ouvriers tailleurs

et à celle des ouvriers selliers, qui ont dû leur existence à *la Commission de gouvernement pour les travailleurs*, nous nous écrierons, comme M. Thiers : Qu'on fasse une enquête ! Car, à l'autorité de la logique, elle ajoutera celle des faits ; car elle dira que l'association des ouvriers selliers s'est développée d'une manière merveilleuse et se trouve en pleine voie de prospérité ; que celle des ouvriers tailleurs, quoique placée dès l'origine dans des conditions très-défavorables et en butte à un système calculé de calomnies, a pris une extension rapide, mené à fin des travaux considérables, réalisé des bénéfices importants, et montré ce que vaut, pour l'ordre et l'activité dans le travail, la pratique de la vie fraternelle. Oui, qu'on fasse une enquête !

« Dans la société, continue M. Thiers, chacun peut spéculer avec ses capitaux. Dans l'association, où prenez-vous le capital ? Dans le Trésor public. Je vous dirai tout à l'heure ce que c'est que le Trésor public. Si c'était le trésor du riche, à la bonne heure ; si c'étaient toutes les industries, ça finirait par être nul, ce serait tout le monde prêtant à tout le monde de quoi spéculer ; mais ici c'est une classe, une seule, celle qui s'est agglomérée dans les villes, celle qui, malheureusement, sans le vouloir, est souvent l'instrument des factions, c'est une seule classe dont on s'occupe ; car l'association ne convient pas à l'agriculture, elle ne convient pas à tous les ouvriers qui viennent isolément travailler dans les maisons ; elle ne convient qu'à quelques ouvriers accumulés dans les grandes usines, dans les mines, dans les filatures, dans les grands établissements métallurgiques ; c'est de ceux-là seulement que vous vous occupez.

« Eh bien ! voyez le caractère de toutes les inventions : tandis que chacun spécule avec son capital, une classe, une seule, qui est peut-être d'un million d'individus sur trente-six millions, spéculera avec le capital de tout le monde, et, déjà pénétrée d'un principe inférieur, je sais ce qui l'attend : la ruine.

« On y a pourvu. Voici le motif pour lequel on a supprimé la concurrence. Quand la concurrence n'existera plus, c'est l'association qni fera le prix : au lieu de la liberté du prix, de cette liberté qui résulte de la liberté des transactions, et qui nous a valu tous les progrès que nous avons faits, vous aurez un monopole au profit d'une seule classe, qui est d'un million sur trente-six. Voilà l'association au vrai ; c'est un faux principe. »

On le voit, M. Thiers n'ose pas repousser d'une manière absolue l'intervention du crédit de l'État. Mais que fait-il ? Fort arbitrairement, il suppose qu'on ne s'est jamais occupé que d'une seule classe, celle qui est agglomérée dans les villes, et, avec une assurance extraordinaire, il s'écrie : « L'association ne convient pas à l'agriculture. » C'est sur cette affirmation que s'appuie tout ce qu'il dit du *monopole* que, suivant lui, nous chercherions à établir *au profit d'une seule classe...*

Eh bien ! nous en demandons pardon à M. Thiers, mais son argumentation repose sur une erreur de fait, et une erreur des plus grossières. S'il s'était donné la peine de suivre les travaux de la commission du Luxembourg, il aurait lu, dans le *Moniteur*, un projet de colonies agricoles exposé, avec beaucoup de précision et de clarté, par le secrétaire général de cette commission, M. Vidal, et il se serait assuré que, loin de restreindre aux villes l'application de nos vues, nous considérons l'association agricole comme le complément naturel, indispensable, de l'association industrielle.

Pour montrer jusqu'à quel point est fausse cette donnée de M. Thiers, que l'association ne convient point à l'agriculture, nous n'aurons pas besoin de longs développements.

Lorsque, dans un pays, le chiffre de la population tend à s'élever au-dessus de celui qui marque la quantité des subsistances, la société marche à sa ruine. Or, si l'on considère : d'une part, que, d'après les calculs d'Euler, la population peut doubler, dans l'espace de onze ans, sous le cinquantième degré de latitude, et d'autre part, qu'il y a une limite fatale à la fertilité du sol arrivé à son plus haut degré de perfection comme culture, on comprendra aisément avec quelle sollicitude de véritables hommes d'État doivent veiller aux progrès de l'agriculture.

Cependant, que voyons-nous en France? Il est résulté, personne ne l'ignore, des dispositions du Code civil, relatives au partage des successions, que le sol a été peu à peu divisé à l'infini et abandonné à l'individualisme en fait de travail agricole, c'est-à-dire à la petite culture.

Quelles ont été les suites? Constatons les faits avant de les expliquer.

Un savant statisticien, M. Rubichon, a adressé, en
1837, d'après un rapport présenté à l'Académie des
sciences, par MM. Daubenton, Laplace, Bailly, Darcet,
et d'après les documents publiés chaque année par
l'Almanach du bureau des Longitudes, un tableau du
mouvement de la consommation des viandes dans les
vingt villes les plus peuplées de France, dont le nom
commence par un A. Eh bien! la conclusion des chiffres de ce tableau est que, tous les dix ans, le nombre
des consommateurs augmente de 6 p. 0/0, tandis que
les objets de consommation en viande diminuent de
8 p. 0/0. Le même auteur ajoute au tableau précédent
celui du déficit des subsistances diverses qu'a éprouvé,
dans l'intervalle de douze ans, chaque habitant de
Paris :

Sur le gibier, la volaille, le beurre et les
  œufs. . . . . 10 p. 0/0.
Sur le vin. 25
Sur les farines ou le pain. 33
Sur le fromage sec. 40
Sur la bière. 40
Sur l'eau-de-vie.. 47

Nous savons bien qu'en général les données fournies
par les statistiques sont sujettes à controverse. Toute-
fois, nous croyons volontiers aux chiffres que le raisonnement vérifie, qu'il confirme. Et que dit le raisonnement? Qu'en fait d'agriculture, division c'est destruction.

La chair des bœufs et des moutons, servant à nour-

rir l'homme, leur enveloppe, servant à le vêtir, et leur
litière contenant le principe générateur de la végéta-
tion, il est bien clair que du succès obtenu dans l'éducation des bestiaux dépend le succès qu'on peut attendre de la culture du règne végétal, ou, en d'autres
termes, des grains, des légumes et des fruits. Le meilleur système d'agriculture est donc celui qui permet de
former de grands pâturages, d'entretenir des prairies,
d'élever des troupeaux nombreux, d'augmenter, en un
mot, ce précieux engrais où gît le principe de la repro-
duction.

C'est assez dire ce que la petite culture a de funeste.

La petite culture combat, par son essence même, le
développement du règne animal, le plus important de
tous, puisqu'il renferme la vie de la terre.

La petite culture tend à substituer, dans des proportions funestes, les champs aux prairies; la culture du
grain, qui épuise le sol, à l'éducation des bestiaux qui
le vivifient; la bêche, qui use les forces de l'homme, à
la charrue, qui les ménage.

La petite culture est inconciliable avec l'emploi des
grands capitaux et l'application des méthodes nouvelles.

La petite culture donne une vache à garder à qui
garderait un troupeau.

La petite culture s'oppose à ce que de vastes bâtiments soient construits au centre des fermes; elle re-
lègue les cultivateurs dans les villages, et éloigne ainsi
le travailleur du théâtre de son travail.

La petite culture nous montre la plupart des héri-
tages divisés en misérables lambeaux de terre, souvent
forts distants l'un de l'autre.

La petite culture couvre le sol de haies qui en dévorent inutilement une partie.

La petite culture empêche l'agriculteur de combiner, de varier ses travaux selon l'exposition des lieux et la qualité des terrains.

La petite culture enfin est si bien une source de ruine, que le chiffre des hypothèques en France s'élève à plus de 13 milliards, ce qui veut dire qu'en France ceux à qui la propriété foncière appartient le moins sont justement les propriétaires fonciers.

Les choses sont au point que, pour prévenir la pulvérisation du sol, il ne reste plus guère que les expropriations en masse, au profit des usuriers.

Mais ce que l'usure recompose aujourd'hui, le Code civil le divisera de nouveau demain; et pendant cet étrange combat du Code civil et de l'usure, l'agriculture dépérit; la quantité des subsistances s'accroît beaucoup moins que ne fait la population; une partie du peuple arrive à être en peine de sa nourriture; une autre partie du peuple passe de la nourriture de la viande à celle du grain, puis de la nourriture du grain à celle des pommes de terre, et la société s'achemine vers le règne de ce fléau, qui résume tous les fléaux : la faim !

Reconstituer féodalement la propriété, qui oserait y songer aujourd'hui? Ramener les terres sous une tenure monarchique ou les faire cultiver en grand par des corporations cléricales, qui pourrait croire cela possible? Il n'est donc qu'un moyen de rétablir en France la grande culture; il n'est qu'un moyen de mettre la science agronomique en harmonie avec la multiplication des propriétaires; et ce moyen, c'est l'association.

Aussi n'existe-t-il pas un seul système socialiste qui n'ait pour point de départ l'association agricole. Fourier, Victor Considérant, Pierre Leroux, Vidal, Pecqueur, Cabet, Villegardelle, tous les socialistes s'accordent à cet égard, quelle que soit d'ailleurs la diversité de leurs formules ou de leurs procédés économiques ! Voilà ce que M. Thiers saurait s'il s'était donné la peine de lire les doctrines qu'il s'est donné la peine de réfuter.

Et, dès lors, que devient cette fameuse objection tirée de l'injustice et des périls d'un monopole qu'on créerait *au profit d'une seule classe, les ouvriers des villes, et aux dépens du Trésor public?* Quant à la crainte, exprimée par M. Thiers, de ne plus voir la concurrence régler les prix, nous lui ferons observer que la concurrence déterminant la valeur vénale, non pas d'après la nature des choses, non pas d'après un rapport établi scientifiquement sur la constatation du prix de revient, mais, d'après les variations perpétuelles du marché, l'inconstance de la mode, les calculs égoïstes et les ruses de la spéculation, nous appelons anarchie ce que M. Thiers appelle règle. Nous lui ferons observer, en outre, que c'est seulement par l'association, et par l'association fondée sur la solidarité de toutes les industries, qu'on arrive à déterminer les prix d'une manière scientifique, normale, et de façon à couper le monopole dans sa racine. Car, en économie politique, la concurrence mène au monopole, de même qu'en politique, l'excès de la licence mène à la tyrannie.

J'en viens à la question du droit au travail.

M. Thiers nie résolûment le droit au travail. Toute-

fois, il daigne admettre le droit à l'assistance. Eh bien !
à vrai dire, nous ne pensons pas que jamais on se soit
permis une contradiction plus étonnante.

Sur quoi peut reposer, en effet, le droit à l'assistance?
Évidemment, sur ce principe que tout homme, en naissant, a reçu de Dieu le droit de vivre. Or, voilà le principe qui, justement, fonde le droit au travail. Si l'homme
a droit à la vie, il faut bien qu'il ait droit au moyen de
la conserver. Ce moyen, quel est-il? Le travail. Admettre
le droit à l'assistance et nier le droit au travail, c'est
reconnaître à l'homme le droit de vivre improductive-
ment, quand on ne lui reconnaît pas celui de vivre pro-
ductivement ; c'est consacrer son existence comme
charge, quand on refuse de la consacrer comme emploi,
ce qui est d'une remarquable absurdité. De deux choses
l'une, ou le droit à l'assistance est un mot vide de sens,
ou le droit au travail est incontestable. Nous mettons au
défi qu'on sorte de ce dilemme.

Rien de plus creux que le raisonnement de M. Thiers
au sujet de cette question, si grave pourtant et si solen-
nelle. Toute sa logique ici consiste à prétendre :

Que la bienfaisance n'humilie pas ;

Que le droit au travail, reconnu, conduirait à recom-
mencer l'expérience des ateliers nationaux, où le travail,
après tout, n'était qu'un secours déguisé ;

Que la reconnaissance du droit au travail pourrait
fournir un prétexte à des rébellions, et armerait le peuple
souverain d'un nouvel article 14 ;

Que la réalisation du droit au travail exigerait une

augmentation d'impôts, et que cette augmentation est impossible.

Reprenons successivement ces quatre points :

La bienfaisance n'humilie pas ? C'est vrai, quand elle s'adresse à ceux qui la réclament et qui ont effectivement besoin de secours. Mais faire l'aumône aux gens, lorsque la question est précisément de les mettre en état de s'en passer, voilà ce qui constitue l'humiliation. Le peuple ne s'y est jamais trompé : il admet parfaitement des hospices pour les vieillards, des hôpitaux pour les malades, Bicêtre pour les fous ; mais ce qu'il n'admet pas, c'est qu'on abaisse au rôle de mendiants des hommes sains de corps et d'esprit, et qui ne demandent qu'à gagner honnêtement leur vie. A qui se sent capable de se suffire, le secours est une offense. Que, d'aventure, on fasse l'aumône à M. Thiers dans la rue, je m'assure que le rouge lui montera au front.

M. Thiers demande ce que ferait l'Etat, si le droit au travail était proclamé, et il a grand hâte de répondre : « Ce qu'il a fait dans les ateliers nationaux. Il leur don- « nerait du travail de manouvrier. » Ah ! l'Etat ferait cela ? Et qui vous l'a dit, monsieur ? Je soutiens, moi, que l'Etat ne ferait rien de semblable, pour peu que le gouvernement fût sage, pour peu qu'il eût souci, et de la dignité du peuple, et des intérêts du Trésor ; pour peu qu'il connût et fût disposé à mettre en pratique ces mêmes doctrines que vous combattez. Car sachez bien qu'il n'est pas un socialiste au monde qui consentît à avouer *ce qui s'est fait dans les ateliers nationaux.* Quant à nous, Dieu merci ! nous n'avons pas à nous reprocher soit de l'avoir proposé, soit de l'avoir approuvé. Ce que nous aurions voulu, c'est qu'au lieu de rassembler pêle-mêle, abstraction faite des professions respectives, une masse énorme d'ouvriers, sans que rien fût de nature à les rattacher l'un à l'autre, et en les condamnant tous à un travail uniforme, stérile, étranger à leurs habitudes, on s'étudiât à former, dans chaque corps d'état, le noyau d'une association constituée de manière à s'élargir sans cesse par des adjonctions successives, eu égard à la somme des travaux à exécuter, et en vertu de ce principe que les associés auraient admis : « Cha- « cun doit avoir sa place au travail comme au soleil ; « nous gagnerons un peu moins quand il le faudra, plu- « tôt que de laisser mourir de faim à notre porte ceux « qui sont nos frères. » Or, là il n'y aurait ni source de ruine, ni aumône déguisée, ni travail dérisoire, ni motif d'humiliation pour personne !

Mais ce droit au travail, si on avait l'imprudence de le reconnaître, le peuple un beau jour ne pourrait-il pas venir l'invoquer les armes à la main ? Non, parce qu'il n'y aurait pas lieu à l'invoquer lorsqu'on aurait pris les mesures propres à le satisfaire. Machiavel a dit : «Quand un peuple se révolte, c'est toujours la faute du gouvernement contre lequel il se révolte.» Allez ! il importe peu que vous refusiez d'écrire sur un chiffon de papier ce droit au travail, le plus sacré qui fut jamais ! Il restera gravé en caractères d'airain dans la conscience publique.

Mais l'impôt ? comment augmenter l'impôt ? Ainsi M. Thiers feint d'ignorer que, à côté de l'impôt, il y a l'emprunt ! Il feint d'ignorer que l'emprunt est précisément le procédé à l'aide duquel on fait contribuer l'avenir aux charges du présent! Qu'une guerre éclate, le gouvernement emprunte : ce qu'il peut pour organiser la destruction ou, si l'on veut, la défense, est-ce qu'il ne le pourra point pour féconder la production? Et remarquons bien que la guerre rapporte rarement ce qu'elle coûte, tandis que le travail rend presque toujours au delà de ce qu'on lui a donné. D'un autre côté, qu'on ne s'imagine pas qu'il faudrait ici des avances bien considérables. En étudiant avec attention le système exposé plus haut, on verra qu'il possède une force d'élasticité qui permettrait d'en commencer l'application dans d'aussi petites proportions qu'on le jugerait convenable. L'essentiel serait de le mettre en mouvement : il se développerait ensuite par la seule puissance de son principe. La dernière objection de M. Thiers tombe donc d'elle-même. L'impôt! Mais le plus sûr moyen d'en élargir les sources, ce serait d'établir un meilleur régime économique et d'accroître de la sorte la richesse générale. Or, il importe de ne pas l'oublier : l'association a cela d'admirable, non-seulement qu'elle amène une plus équitable répartition des produits, mais qu'elle centuple les trésors de la production. Nous n'insisterons pas davantage : le travail de M. Thiers est tellement faible qu'il n'est pas besoin d'autres développements.

D'ailleurs il semble qu'une main invisible précipite la course des heures ; les événements se pressent, les choses emportent les pensées, le temps n'est pas aux longs ouvrages. Qu'il nous suffise d'avoir dénoncé l'imprudence fatale de ces prétendus hommes d'Etat qui, ayant à étudier des problèmes devenus inévitables, aiment mieux les masquer que les résoudre ; insensés

pour qui l'orage même n'est point un avertissement salutaire, insensés qui s'oublient au milieu du péril environ-
nant, semblables à ces oiseaux qu'on nous montre bercés
par la tempête et endormis dans l'aquilon! Pourquoi, ont
dit quelques-uns, toutes ces questions soulevées? Pourquoi? parce que les évolutions de l'esprit humain présen-
tent des phases qu'il est absolument nécessaire de traverser. Pourquoi? parce que le monde intellectuel a ses lois
comme le monde physique, et qu'il est aussi impossible
d'arrêter le mouvement d'une idée dont l'heure a sonné,
qu'il le serait d'arrêter le mouvement du globe autour du
soleil. Eh, mon Dieu! ces questions qu'on appelle formidables, elles n'ont pas été posées par tel ou tel, elles
ont été posées par l'histoire elle-même. Ce ne sont pas
les hommes qui pensent, ce sont les siècles; et, quoi
qu'on fasse, le dix-neuvième siècle restera baptisé socialisme. Serait-ce donc que les hommes auraient dû se
taire quand les choses prenaient la parole! Il y a folie
à le prétendre.

Fournir un écho à la situation, donner une formule
et assurer une tribune à ce que le peuple sentait s'agi-
ter au fond de son cœur, ah! là n'était point le péril;
et nous en trouvons la preuve dans ce calme profond,
mêlé d'enthousiasme, qui a marqué les mois immortels
de mars et d'avril. Car enfin, nous qu'on accuse, nous
contre qui on a recours à cette iniquité vulgaire, la pros-
cription, nous n'avons pas eu besoin, pour maintenir
l'ordre, de décréter l'état de siége, d'en prolonger in-
définiment le scandale, d'étouffer toutes les voix gênan-
tes, de suspendre toutes les lois, de mettre en interdit
toutes les libertés, de substituer aux mains de la justice

une épée à une balance, d'appeler soldats et canons du fond de la province, d'infliger à la capitale de la pensée l'affront d'un régime prétorien, en un mot, de faire Paris prisonnier. Pendant les mois de mars et d'avril, on le sait, la peine de mort a pu être abolie impunément ; nul n'a été arrêté ; nul n'a été menacé ; on s'est plu à oublier de quelle manière on poursuivait autrefois les monarques en fuite ; la magnanimité du peuple a triomphé dans le pouvoir issu de son sein ; la presse a joui d'une liberté sans exemple et sans bornes ; les soldats ne se sont approchés des autres citoyens que pour les embrasser... Et quels nobles transports ! Comme elle était imposante, cette journée du 17 mars, où le peuple se montra dans toute la majesté de son désintéressement et de sa force ! Comme elle était touchante, cette fête de la fraternité, où un seul cri monta vers le ciel, un seul parce qu'il répondait aux battements de cœur de tout Paris ! Pendant les mois qui ont suivi, au contraire. . . . . L'histoire fera le rapprochement : nous en appelons à l'histoire.

Deux mots encore. Est-il vrai, oui ou non, que, depuis un demi-siècle, la société actuelle roule de crise en crise et de révolution en révolution ? que l'oppression d'en haut y a pour correctifs uniques les révoltes d'en bas ? qu'on est condamné à hésiter perpétuellement entre la crainte d'un 10 août et celle d'un 18 brumaire ? que la vie politique y est tout entière renfermée dans ce mot : ambition, et la vie industrielle dans ce mot : cupidité ? que le plus grand nombre y souffre du présent ? que les plus heureux y redoutent le lendemain, et que la misère des uns fait la peur des autres? Est-il vrai, en outre, que la famille nous offre l'image d'une association admirable ; qu'il faudrait conséquemment la prendre pour modèle et s'efforcer de donner à la société pour principe ce qui constitue le principe de la famille, savoir : la solidarité des intérêts ?

Si tout cela est incontestable, on aura beau calomnier les socialistes, décrier leurs efforts, dénaturer leurs doctrines, dire qu'il y a du sang dans leurs études, on ne domptera pas l'idée représentée par eux. J'ose même prédire que ceux qui aujourd'hui les attaquent seront bientôt contraints, par la force des choses, à se parer de leurs dépouilles, et que les socialistes auront leurs calomniateurs pour plagiaires. Quant à la persécution, elle ne retardera pas d'un jour ce résultat suprême, ou plutôt elle l'avancera, la persécution étouffant ce qui a peu d'importance et ajoutant à ce qui en a beaucoup, à peu près comme le vent, qui éteint les flambeaux et allume les incendies.

Que les hommes placés en France à la tête des affaires, y songent bien : les gouvernements sont faits, non pour arrêter les sociétés, mais pour les conduire. Les gouvernements se sont appelés jusqu'ici la résistance, il est temps qu'ils s'appellent le mouvement, et nous répéterons à ce sujet la définition qu'au Luxembourg nous avions donnée du pouvoir dans une république : le pouvoir est une réunion de gens de bien, élus par leurs égaux, pour guider, en la réglant, la marche des hommes vers la liberté.

CORRESPONDANCE.

Depuis que M. Louis Blanc est en Angleterre, il a adressé à des journaux de Londres et de Paris deux lettres que nous joignons à cette brochure.

(Note des Éditeurs.)

A MONSIEUR LE RÉDACTEUR DU *TIMES*.

Monsieur,

Il y a trois mois, dans l'Assemblée nationale, j'accusais le parti réactionnaire en France de s'être étudié à égarer l'opinion sur mon compte en travestissant mes idées d'une manière odieuse, et d'avoir ourdi la plus dangereuse des conspirations : celle du mensonge... Cette conspiration, j'en retrouve ici les suites funestes dans votre bonne foi trompée. Quand vous connaîtrez mieux les faits, monsieur, vous regretterez pour vous-même la violence de vos attaques ; car enfin on doit se sentir malheureux d'avoir été injuste.

Vous attribuez à mon système et aux *ateliers nationaux*, que vous appelez mes ateliers, les malheurs de la situation présente dans mon pays ; souffrez que je repousse une pareille responsabilité avec toute l'indignation d'un honnête homme blessé dans la partie la plus sensible de son cœur.

Eh quoi ! monsieur, mes affirmations publiques vingt fois répétées, jamais démenties, les déclarations officielles de M. Émile Thomas, directeur des *ateliers na-*

tionaux, les récents débats de l'Assemblée en France, les documents produits dans le second volume de l'enquête, tout cela ne vous a pas appris que ce n'est pas moi qui ai organisé les *ateliers nationaux ;* qu'ils l'ont été contrairement à ma volonté, en opposition avec tous mes principes, et même dans le but avoué de contrebalancer l'influence qu'on m'attribuait sur le peuple ? Non, monsieur, non, je n'ai été pour rien, absolument pour rien, dans la création des *ateliers nationaux.* C'est M. Marie, alors ministre des travaux publics, qui les établit ; c'est M. Emile Thomas qui a été chargé par M. Marie de les gouverner. Quant à moi, je l'affirme, et je mets au défi qu'on me démente, je n'ai pris part ni à la formation des *ateliers nationaux,* ni à leur organisation, ni à leur direction, ni à leur surveillance. Si donc il y a eu imprudence — et c'est mon avis — à rassembler pêle-mêle dans les *ateliers nationaux* des ouvriers fournis au hasard par toutes les professions ; s'il y a eu folie à leur donner un travail uniforme, stérile, et à leur payer pour ce travail stérile un salaire qui n'était qu'une aumône déguisée ; si cette déplorable institution est devenue pour l'Etat une cause si flagrante de ruine qu'il a fallu finir par la briser ; si les ouvriers des *ateliers nationaux,* lorsqu'ils ont cessé de recevoir le salaire habituel, sont tombés dans le désespoir ; si, enfin, une partie d'entre eux ont fait l'insurrection de juin, sous le coup de la plus effrayante misère..., par quel étrange renversement de toutes les lois de la justice m'imputerait-on, à moi, de tels résultats, à moi qui suis resté, je le répète, complétement étranger aux *ateliers nationaux,* qui en ai désapprouvé la création, qui jamais n'y ai mis les pieds, et qui ne suis intervenu en ce qui les concerne, ni lorsqu'il s'est agi de les établir, ni lorsqu'il s'est agi de les organiser et de les diriger, ni lorsqu'il a été question de les dissoudre. A chacun donc la responsabilité de ses œuvres !

Vous imputez à mon système, monsieur, les sanglants désordres de Paris. Mais je vous ferai remarquer que mon système n'a reçu jusqu'ici que deux applications tout à fait partielles, et resserrées dans un cercle très-étroit. Or, loin de condamner mes doctrines, ces deux applications partielles en sont la justification la plus éclatante. Car l'association des ouvriers tailleurs et celle des ouvriers selliers, que j'ai fondées, existent encore ; elles prospèrent, malgré tout ce qu'on a fait pour les décrier, pour les détruire ; et il est à remarquer qu'elles n'ont pas donné dans l'insurrection de juin. Fait décisif et que je recommande à l'attention de tous les hommes de bonne foi.

Serait-ce que l'agitation populaire est née de la nature même de mes principes, de leur influence morale ? C'est ce que vous prétendez, monsieur, et vous me reprochez de n'avoir cherché le bonheur d'une classe que dans le malheur d'une autre. Comme je ne mets pas, monsieur, votre loyauté en doute, je dois croire que vous ne connaissez pas mes écrits, et que vous me jugez sur les seules calomnies de mes détracteurs intéressés. C'est donc par des citations que je vous demanderai la permission de vous répondre, ce genre de réponse étant évidemment le plus péremptoire.

Organisation du Travail, 5ᵉ édition, p. 24. « Je demande qui est réellement intéressé au maintien de

l'ordre social, tel qu'il existe aujourd'hui. Personne,
non, personne. Pour moi, je me persuade volontiers
que les douleurs que crée une civilisation imparfaite se
répandent en des formes diverses sur la société tout
entière... Ah! Dieu merci, il n'est pour les sociétés ni
progrès partiel, ni partielle déchéance. *Toute* la société
s'élève, ou toute la société s'abaisse. Les lois de la justice sont-elles mieux comprises, *toutes* les conditions en
profitent. Les notions du juste viennent-elles à s'obscur-
cir, *toutes* les conditions en souffrent. Une nation dans
laquelle une classe est opprimée ressemble à un homme
qui a une blessure à la jambe ; la jambe malade interdit tout exercice à la jambe saine. Ainsi, quelque para-
doxale que cette proposition puisse paraître, oppresseurs
et opprimés gagnent également à ce que l'oppression
soit détruite ; ils perdent également à ce qu'elle soit
maintenue. »

Vous le voyez, monsieur, le dogme qui domine toute
ma conception, c'est celui de la solidarité humaine. Ce
n'est pas seulement dans l'intérêt du peuple que j'ai
critiqué le système économique suivi en France ; c'est
aussi dans l'intérêt de la bourgeoisie, comme vous pouvez vous en convaincre en jetant les yeux sur mon petit
livre de l'*Organisation du Travail*. Et si j'ai demandé
qu'au principe de l'individualisme on tendît à substituer
progressivement celui de l'association basée sur le sentiment de la fraternité, c'est précisément parce que le
principe d'individualisme m'est apparu comme une
source intarissable de haines, de jalousies, de divisions,
de tyrannies venues d'en haut, de révoltes parties d'en
bas.

Maintenant, monsieur, quand vous dites que mes idées ont pour but de légitimer en tout état de cause l'insurrection, vous lancez contre moi une accusation qui se trouve invinciblement démentie par chaque page de mes livres, par chaque ligne de mes discours. Ici encore, monsieur, c'est par des citations qu'il faut que je réponde.

J'ai écrit dans l'*Histoire de dix ans* : « Ce serait tenir en trop petite estime la raison et l'équité, que de faire dépendre leur triomphe des hasards d'un coup de main. Il y faut la sagesse, le temps ; et la patience est une vertu républicaine. Aussi, assurément, c'est le propre et la gloire des esprits d'élite de devancer leur époque, mais la violenter n'est permis à personne. »

Dans l'*Organisation du Travail*, on peut lire, page 21 : « La violence n'est à redouter que là où la discussion n'est point permise. L'ordre n'a pas de meilleur bouclier que l'étude. Grâce au ciel, le peuple comprend aujourd'hui que si la colère châtie quelquefois le mal, elle est impuissante à produire le bien ; qu'une impatience aveugle et farouche ne ferait qu'entasser des ruines sous lesquelles périrait étouffée la semence des idées de justice et d'amour. Il ne s'agit donc pas de déplacer la richesse, il s'agit de l'universaliser en la fécondant. Il s'agit d'élever pour le bonheur de tous, sans exception, le niveau de l'humanité.

Je pourrais, monsieur, si je ne craignais de trop allonger cette lettre, multiplier les citations ; je pourrais reproduire ici maint passage extrait de mes discours au Luxembourg, et vous verriez que partout j'ai condamné comme aussi puérils que redoutables les emportements de la force, et que j'ai toujours placé la victoire de la justice dans le développement calme et régulier de la raison publique par la liberté de la tribune, par la liberté de la presse, par le droit de discussion.

J'ai beaucoup écrit depuis douze ans ; eh bien! s'il existe dans mes discours un seul mot, un seul qui soit un appel à la violence, à la force brutale, qu'on me le montre! J'ose affirmer que rien n'est plus impossible.

Au reste, monsieur, il y a un fait qui ne saurait être contesté, qui est désormais acquis à l'histoire, et qui parle plus haut en ma faveur que tous les raisonnements. Tant que je suis resté au Luxembourg, tant que j'ai pu avoir action sur le peuple, est-ce que le moindre désordre a éclaté? est-ce qu'il y a eu dans Paris la moindre agitation? est-ce que ce peuple, qu'on a prétendu depuis avoir été excité par mes discours, ne s'est pas montré admirable de calme, de modération, de résignation? est-ce que ce n'est pas alors qu'a été prononcé par lui ce mot sublime : « Nous avons trois mois de misère à offrir à la République? » Or, pour maintenir l'ordre dans Paris pendant ces deux mois de passage au pouvoir, quelle force avais-je à ma disposition? La parole, rien que la parole ; car vous n'ignorez pas, monsieur, qu'il n'y avait pas alors un seul soldat dans la capitale. Qu'opposer à un fait aussi démonstratif? Comment! les agitations populaires n'ont commencé qu'à dater du jour où j'ai cessé de pouvoir agir efficacement sur le peuple, et c'est moi qu'on rendrait responsable de ces agitations! En vérité, ce serait plus que de l'injustice, ce serait de la folie.

Je ne m'arrête pas à ce mot de pillage qui s'est rencontré, je ne sais comment, sous votre plume, dans un article où il est question de moi. Je ne pense pas que vous ayez voulu calomnier à ce point et mon cœur et mon intelligence ; car celui qui verrait dans le pillage un moyen de détruire la misère ou même de la venger, serait le dernier des insensés en même temps que le dernier des misérables.

Vous rappelez, à mon sujet, les affaires de mai et de juin. Pour ce qui est de l'insurrection de juin, il était si manifeste que, loin d'y avoir pris part de quelque façon que ce fût, j'en avais été consterné, que la haine même de mes plus cruels ennemis n'a pu trouver ici matière à accusation contre moi. En ce qui touche la manifestation du 15 mai, je compte prouver par des faits irrécusables qu'on n'y a cherché qu'un prétexte pour m'éloigner de l'Assemblée nationale au moment où la Constitution allait être discutée.

Dans un écrit auquel je travaille en ce moment, et que j'aurai l'honneur de vous adresser, je dirai les causes véritables des troubles de mai, de la guerre civile de juin, de l'état de siége et des maux qui accablent ma chère patrie. En attendant, je me borne à déclarer, avec l'autorité d'une conscience sans reproche, que je n'ai jamais eu la main dans aucun complot, dans aucun essai de violence, dans aucun désordre, et que, pour en épargner la douleur à mon pays, j'eusse donné avec joie tout le sang qui est dans mes veines.

Je suis, monsieur, votre très-humble et très-dévoué serviteur,

Louis Blanc.

A PROPOS DE M. LOUIS BONAPARTE.

A MONSIEUR LE RÉDACTEUR DE LA *RÉFORME*.

———

Mon cher Ribeyrolles,

Je trouve, reproduit dans la *Réforme* du 9 septembre, un article dans lequel on assure que, depuis mon arrivée à Londres, je ne quitte pas Louis Bonaparte ; que j'ai *achevé de lui monter la tête* ; que j'ai écrit à tous les clubs dans lesquels j'ai conservé mon influence, on doit mettre sur toutes les listes le nom de Louis Bonaparte à la place de celui de Kersausie.

Tout cela est un tissu de faussetés.

Que celui qui prétend savoir que j'ai *monté la tête* à Louis Bonaparte se nomme, s'il l'ose !

Qu'on reproduise ces lettres qu'on dit avoir été adressées par moi aux clubs !

Victime d'une iniquité sans nom, je croyais que les organisateurs du système de calomnie dirigé contre moi se tiendraient pour satisfaits de leur triste victoire ; mais non, il faut qu'ils calomnient jusqu'à l'exil auquel ils m'ont condamné.

Il est dit, dans l'article reproduit par vous, que je « voudrais arriver n'importe par quels moyens. » Si tous les moyens m'étaient bons pour m'élever au pouvoir ou m'y maintenir, je ne serais pas ici. Porté au gouvernement par une révolution, j'aurais sacrifié à une ambition vulgaire la cause de la vérité, de la justice, du malheur, la cause à jamais sacrée de ceux qui souffrent. L'ai-je fait? Les haines implacables que je me suis attirées répondent pour moi, et je me bornerai à répéter ces mots de ma défense devant l'Assemblée : Je puis me rendre ce témoignage que je n'ai pas changé avec les circonstances, que je n'ai pas varié avec ma fortune ; car ce que j'ai dit dans le palais du Luxembourg, c'est ce que j'écrivais, il y a douze ans déjà, au fond d'une mansarde.

Maintenant, laissez-moi vous exprimer ma surprise, mon cher ami, de l'indécision avec laquelle vous me défendez. Quoi ! vous qui me connaissez, vous vous contentez de ne pas *conclure contre un ami sans vérification de faits !* Ah ! Dieu merci, mon cœur doit être assez connu à mes amis, pour qu'ils puissent sans hésitation, moi absent, repousser comme une odieuse calomnie tout ce qui tendrait à mettre en doute l'inaltérable constance de mes opinions.

Proscrit, au nom de la République, par des hommes qui l'ont toujours combattue, moi qui ai toujours combattu pour elle, je continue à l'adorer, je continue à la vouloir grande, calme, généreuse, à la vouloir honnête, c'est-à-dire démocratique et sociale, c'est-à-dire digne du peuple qui l'a établie et qui est en droit d'attendre d'elle un adoucissement à ses longues misères.

Voilà, mon cher ami, la cause au service de laquelle j'ai irrévocablement consacré ma vie. Dites, dites sans craindre que je vous démente, que JAMAIS JE N'EN SERVIRAI UNE AUTRE ; et que celle-là, en dépit des injures, des calomnies, des persécutions, je la servirai tant qu'il me restera une plume, la parole et la liberté.

Salut et fraternité.

LOUIS-BLANC.

Londres, le 12 septembre 1848.

FIN.